TISCHBUCH

OSTERN

nach dem Matthäusevangelium

Idee, Konzeption und Design

www.literelle.com
ISBN 978-1-291-79553-0
Herstellung Druck Vertrieb Lulu

Inhalt

Vorwort

Das Tischbuch ist vor allem als Teil des Gedecks der Festtafel zur Osterfeier in modernen, auch urbanen Familien gedacht. Christen und Nichtchristen finden in diesem Büchlein neben der Ostergeschichte und überlieferten Texten auch Erläuterungen zu bestimmten Speisen, österlichen Bräuchen und Traditionen und entdecken so vielleicht völlig neue Nuancen in ganz alltäglichen Nahrungsmitteln oder Handlungen.

Das Büchlein kann als bleibende Erinnerung an diese Feier aufbewahrt werden. Man kann es auch als Anregung nutzen, um gemeinsam zu beten, zu segnen, zu preisen, zu singen oder in die Gedankenwelt eines mittelalterlichen Mystikers einzutauchen. Und um sich die Ostergeschichte, das zentrale Ereignis der Christenheit, erzählen zu lassen.

Das christliche Osterfest hat seine Entsprechung im jüdischen Passahfest. Auf den Tischen vieler jüdischer Familien liegen schon seit sehr langer Zeit zum Sedermahl Haggadas, kleine, oftmals bebilderte, Büchlein. Das Wort „Haggada" kommt aus dem hebräischen und bedeutet „erzählen". Gemeinsam lesen und singen die Familien daraus. Im religiösen Leben der Juden ist die Haggada Erzählung und Handlungsanweisung am Vorabend des Fests der Befreiung der Israeliten aus der ägyptischen Sklaverei. Das Tischbuch ist von der Tradition der Haggada inspiriert worden.

Wie das gemeinsame Feiern den Zusammenhalt fördert, stärkt auch das Erzählen und Wieder-Erzählen einer Geschichte als Teil eines familiären Rituals die Bindung zueinander. Für gläubige Christen stärkt es auch die Bindung zu Gott.

Einführung

Am Sonntag nach dem ersten Frühjahrsvollmond gedenken wir der Auferstehung von Jesus Christus, der als Sohn Gottes den Tod überwunden hat.

Es ist der Beginn der österlichen Freudenzeit und der Ostersonntag markiert den Höhepunkt der Osterfesttage. Wir feiern in der Passahwoche, der Zeit des jüdischen Hauptfests, denn, so teilt uns das Neue Testament mit, das Geschehen fand zu Passah (auch: Pessach oder Pascha, sprich: Pas-cha) statt.

Ostern gedenken Christen eines Ereignisses, an dem viele Emotionen durchlebt wurden: Angst, Sorge, Verrat, Fürsorge, Freundschaft, Feindschaft, Liebe, Hass, Verachtung, Verfolgung, Verspottung, Hohn, Qual, Tod, Untergang.
Und dann die große Freude: die Auferstehung von den Toten.
Ostern ist ein Fest des Lebens und der Erlösung, des Friedens und des Opfers. Der Ehrfurcht und der Hingabe, des Wiedersehens und Weitergehens. Der Niederlage und des Sieges. Denn am Ende ist der Tod besiegt und das Leben triumphiert. Darum feiern Christen Ostern und darum ist dies das größte Fest der Christenheit. Denn Ostern ist das Fest des Lebens.

Ich bin gekommen,

damit sie das Leben haben

und es in Fülle haben.

Worte des Herrn, Joh 10, 10

Vorbereitung

Speisenweihe

Ostersonntag bedeutet auch das Ende der 40-tägigen Fastenzeit. Davor können wir in katholischen Kirchen Eier, Brot, Schinken, Kren, Salz oder Wein und andere Speisen in einem Korb vor den Altar stellen oder zur Kreuzwegandacht mitbringen, damit der Priester sie segnet. Die Liturgie der Fastenzeit hat einige Besonderheiten. So darf in dieser Zeit der Hallelujah-Ruf nicht erklingen. Und von Gründonnerstag an schweigen die Glocken und das Geläut der Ministranten während der Wandlung. Die Glocken werden in diesen Tagen in vielen Regionen traditionellerweise durch Ratschen ersetzt. In alpinen Gegenden erzählt man sich, sie seien nach Rom geflogen, um dort Andacht zu halten.

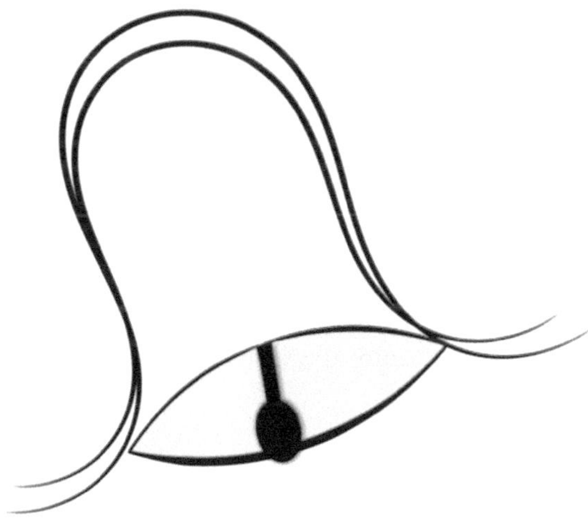

Osternacht

Für Christen beginnt die Freudenfeier der Auferstehung des Herrn in der Nacht vor Ostersonntag. Deshalb findet in den katholischen Kirchen am Samstag eine sehr feierliche Messe statt. Sie fängt erst an, wenn es dunkel geworden ist. In früheren Jahrhunderten zog sie sich bis zum Sonnenaufgang, nicht eher durfte das Oster-Hallelujah angestimmt werden. „Halleluja" kommt aus dem hebräischen „hallelu-Jáh" und bedeutet wörtlich übersetzt: Lobt Jáh! Jáh ist eine Kurzform von JHWH (Jehova), das bedeutet Gott.

So betreten wir in der Osternacht eine dunkle, stille Kirche, nehmen Kerzen zur Hand und sehen, wie der Priester die entzündete Osterkerze in die Halle trägt. Dreimal erklingt das „Lumen Christi" des Diakons, das „Licht des Christus", jedes Mal in höherem Ton. Alle antworten: „Deo gratias - Gott sei gedankt". Dann entzünden wir unsere Kerzen an der Flamme der Osterkerze. Der Diakon – oder in geänderter Form, der Priester – singt das Exsultet. Das ist ein sehr alter liturgischer Gesang, verfasst vom Schülerkreis des Heiligen Ambrosius von Mailand.

Die Kirche wird nach und nach bis zur vollen Helle erleuchtet und von der Empore erklingt das „Gloria" der Orgel, in das die Kirchenglocken - aus Rom zurückgekehrt - und die Altarschellen der Ministranten einstimmen. Diese römisch-katholische Messe ist eine der schönsten des Jahres, wer sie nicht kennt, sollte sie unbedingt einmal erleben. Täuflinge können in die Gemeinschaft aufgenommen, das Taufgelübde erneuert und der Segen erteilt werden. Oft führt der Priester einen Zug durch die Reihen an, um die Gläubigen mit geweihtem Wasser zu segnen.

Ein ganz besonders berührender Moment ist es, wenn der Priester die feierlichen Hallelujah-Rufe anstimmt.

Exsultet

Exsultet iam angelica turba caelorum:
exsultent divina mysteria:
et pro tanti Regis victoria
tuba insonet salutaris

Gaudeat et tellus, tantis irradiata fulgoribus:
et, aeterni regis splendore illustrata
totius orbis se sentiat amisisse caliginem.

Frohlocket, ihr Chöre der Engel:
frohlocket, ihr himmlischen Scharen:
lasset die Posaune erschallen,
preiset den Sieger, den erhabenen König

Lobsinge, du Erde, überstrahlt vom Glanz aus der Höhe:
Licht des großen Königs umleuchtet dich.
Siehe, geschwunden ist allerorten das Dunkel.

Die Welt hat Gott nicht wehren können zu kommen, wie sorgfältig sie auch die Tür ihrer Herbergen verschloss. Das Drama erreicht nun, an Ostern, seinen Mittel- und Höhepunkt.

Die Finsternis hat zu ihrer letzten Waffe gegriffen, zum Tod.

Sie hat in ordentlichen Gerichtsverfahren die Wahrheit und die Liebe zu den Hauptschuldigen der Weltgeschichte erklärt und den Träger des Lichts verurteilt.

Aber die Auferstehung bringt die große Wende.

Joseph Ratzinger Benedikt XVI.

Der Ostertisch

Auf dem Tisch stehen Speisen und verschiedene Symbole.

Speisen

Brot
Wein
Wasser
Grünes Kraut
Salz
Bitterkraut (Kren)
Öl
Ei
Speisen und Gedecke für das Festmahl

Symbole

Osterwasser
Kelch
Lamm
Hase
Kerze
Silber
Schlüsselblume

Gedanken

zum Beginn des Festes

Die folgenden Gedanken stammen von Anselm von Canterbury, einem Mystiker des Mittelalters, der Prior eines Klosters in der Normandie war und von 1033 bis 1101 lebte. Er schrieb seine Betrachtungen in Latein. Daneben die Übersetzung in heutigem Deutsch.

Capitulum XVII

Quod in deo sit harmonia, odor, sapor, lenitas, pulchritudo, suo ineffabili modo

Adhuc lates, domine, animam meam in luce et beatitudine tua, et idcirco versatur illa adhuc in tenebris et miseria sua. Circumspicit enim, et non videt pulchritudinem tuam. Auscultat, et non audit harmoniam tuam. Olfacit, et non percipit odorem tuum. Gustat, et non cognoscit saporem tuum. Palpat, et non sentit lenitatem tuam. Habes enim haec, domine deus, in te tuo ineffabili modo, qui ea dedisti rebus a te creatis suo sensibili modo; sed obriguerunt, sed obstupuerunt, sed obstructi sunt sensus animae meae vetusto languore peccati.

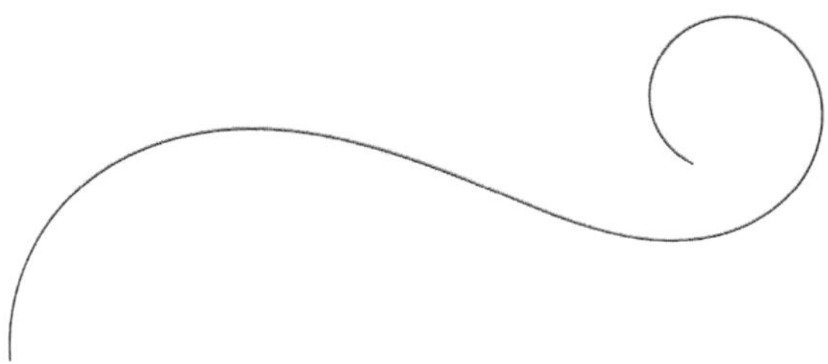

17. Kapitel

Das in Gott Wohlklang, Wohlgeruch, Wohlgeschmack, Sanftheit und Schönheit auf eine ihm eigene unaussprechliche Weise sind

Noch bist Du meiner Seele verborgen, Herr, in Deinem Licht und Deiner Seligkeit, und deshalb windet sie sich in Finsternis und Elend. Sie sieht sich überall um – erblickt aber Deine Schönheit nicht. Sie horcht – hört aber Deinen Wohlklang nicht. Sie riecht – nimmt aber Deinen Wohlgeruch nicht wahr. Sie kostet – erkennt aber Deinen Wohlgeschmack nicht. Sie fühlt – empfindet aber Deine Sanftheit nicht. Denn dies alles hast Du, Herr und Gott, in Dir auf Deine unaussprechliche Weise, weil Du es den von Dir erschaffenen Dingen auf ihre fühlbare Weise gegeben hast; aber erstarrt, aber erlahmt und verstopft sind die Sinne meiner Seele durch die lange Krankheit der Sünde.

Anselm von Canterbury, Proslogion, Anrede, Latein und Deutsch. Kapitel XVII
Verfasst 1077/78

Tischgebet

Wir sprechen es stehend und bekreuzigen uns, wenn wir, nach kurzer Stille, die Heilige Dreifaltigkeit anrufen.

Das christliche Tischgebet hat seine Wurzeln in der jüdischen Berachá.

Anrufung

Im Namen des Vaters
und des Sohnes
und des Heiligen Geistes.

Berachá

Gepriesen (barúch) bist du, JHWH (Jehova) unser G-tt, Schöpfer der Welt für Speise und Trank: Durch sie gewährst du uns Leben und Freude. Gepriesen bist du in Ewigkeit.

Brot

ist für uns die heiligste Speise. Wir brechen es in der Messe und in Abendmahlsgottesdiensten. Wir teilen es, wie Jesus es mit seinen Jüngern am Abend vor seiner Auslieferung teilte.

In der heiligen Messe wandelt der Priester das Brot zum Leib Christi. So ist Brot, entstanden durch Zermahlen der Körner, ein Zeichen für die Lebendigkeit von Jesus Christus.

Osterbrot und Gebäck auf dem Familientisch stehen für Stärke und das gemeinsame Mahl.

Evangelist

Aber am ersten Tage der süßen Brot traten die Jünger zu Jesu und sprachen zu ihm:

Chor

Wo willst du, dass wir dir bereiten, das Osterlamm zu essen?

Evangelist

Er sprach:

Jesus

Gehet hin in die Stadt zu einem und sprecht zu ihm: Der Meister läßt dir sagen: Meine Zeit ist hier, ich will bei dir die Ostern halten mit meinen Jüngern.

Evangelist

Und die Jünger taten, wie ihnen Jesus befohlen hatte, und bereiteten das Osterlamm. Und am Abend setzte er sich zu Tische mit den Zwölfen. Und da sie aßen, sprach er:

Jesus

Wahrlich, ich sage euch, einer unter euch wird mich verraten.

Evangelist

Und sie wurden sehr betrübt, und huben an, ein jeglicher unter ihnen, und sagten zu ihm:

Chor

Herr, bin ich‘s?

Kelch

Wein und der Kelch weisen auf den Bund hin, den Gott durch seinen Sohn Jesus Christus mit uns Christen geschlossen hat.
Beim jüdischen Pessachfest, aus dem das Abendmahl hervorgegangen ist, reichen die Tischgäste Wein in einem Becher herum. Alle trinken aus diesem Becher.

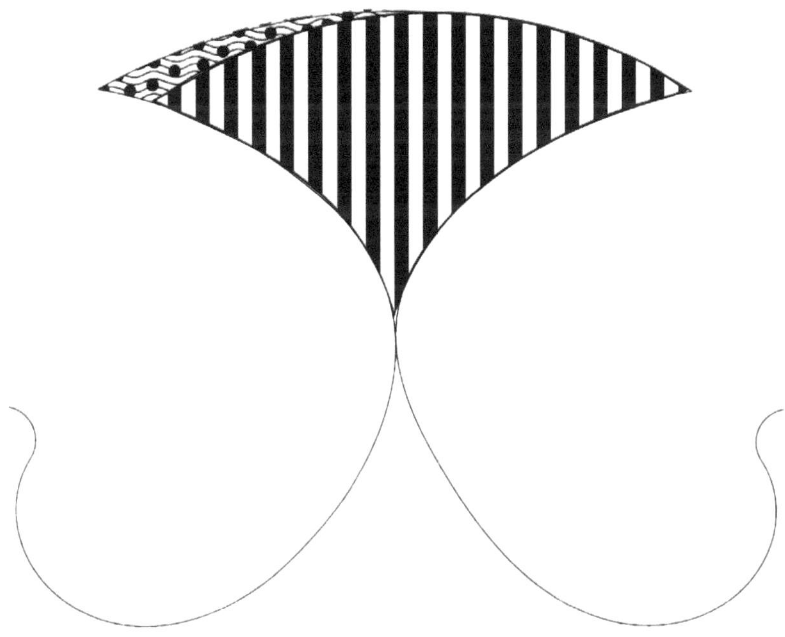

Wein

Wein ist, wie Brot, ein zentrales Zeichen des christlichen Glaubens. Zum Mahl mit seinen Jüngern am Vorabend seines Todes bestimmte Jesus Wein und Brot als Zeichen seiner Gegenwart. Wein ist ein Symbol des Himmels und der Ewigkeit.

Wir stoßen mit Wein auf das Leben an und erinnern uns an das letzte Mahl, das Jesus Christus mit seinen Jüngern im ersten Stock eines Hauses im Zentrum des antiken Jerusalem hielt. Wir können uns dabei mit den Worten „Friede sei mit dir" grüßen.

Aus der Matthäuspassion von Johann Sebastian Bach

EVANGELIST

Und er nahm den Kelch, und dankte, gab ihnen den und sprach:

JESUS

Trinket alle daraus, das ist mein Blut des neuen Testaments, welches vergossen wird für viele zur Vergebung der Sünden. Ich sage euch, ich werde von nun an nicht mehr von diesem Gewächs des Weinstocks trinken, bis an den Tag, da ich's neu trinken werde mit euch in meines Vaters Reich.

Wasser

Auch Wasser steht auf dem Ostertisch. Im Unterschied zum Wein, der den Himmel symbolisiert, ist das Wasser mit seinem Fließen und den Wellen Sinnbild für die diesseitige Vergänglichkeit und das irdische Leben.

Wasser spielt für Christen eine große Rolle bei der Taufe. Es reinigt von Sünden und bedeutet Klarheit. In der Osternacht erneuern Christen auch ihr Taufgelöbnis. Weihwasser steht am Eingang jeder katholischen Kirche, damit bekreuzigen sich die Gläubigen beim Eintritt in die heiligen Räume.

Um das Osterwasser rankt sich ein alter Volksbrauch. In der Osternacht oder am Ostermorgen vor Sonnenaufgang aus einer Quelle oder einem Fluss geschöpft, soll es besonders lange halten und nicht verfaulen. Es soll außerdem eine besonders feine Haut geben.

Grünes

Grünes Kraut weist auf die Früchte der Erde, auf Blüte und neues Leben, auf Wachstum und Ernte. Wenn man Kresse nimmt, kann man es sogar am Tisch ernten und weiterreichen. Das jüngste Mitglied der Tischgesellschaft darf jedem Gast einige Stängel Grünes überreichen.

Salz

Mt 5,13 Jesus gab den Seinen verschiedene Namen. Einer lautete „Ihr seid das Salz der Erde“.

Winzige Mengen reichen, um einen großen Topf Suppe zu würzen. Darum darf das Salz seine Intensität nicht verlieren. Dann taugt es zu nichts mehr, mahnt uns der Herr, „es wird weggeworfen und von den Leuten zertreten“.
Als „Salz der Erde“ sollen unsere Reden frisch und würzig sein, aber nicht bitter und scharf. Wir sollen reinen Herzens sprechen und handeln, um die Gnade Gottes zu erlangen.

Salz ist auch ein Mittel, um zu erhalten, so wurden früher zum Beispiel Schlachtopfer gesalzen, um die Gabe an Gott vor Verderben und Verunreinigung zu bewahren.

Wir streuen über das Grüne etwas Salz und erinnern uns an die Worte Moses: „Jedes Speiseopfer sollst du salzen, und deinem Speiseopfer sollst du das Salz des Bundes deines Gottes nicht fehlen lassen; jede deiner Opfergaben sollst du mit Salz darbringen.“ Lev 2,13

Jesus Christus trägt auch den Namen „Lamm Gottes“. Wenn die Christen sein „Salz der Erde“ sind, erhalten sie auch die Aufgabe, dieses Opfer nicht dem Verderben preis zu geben.

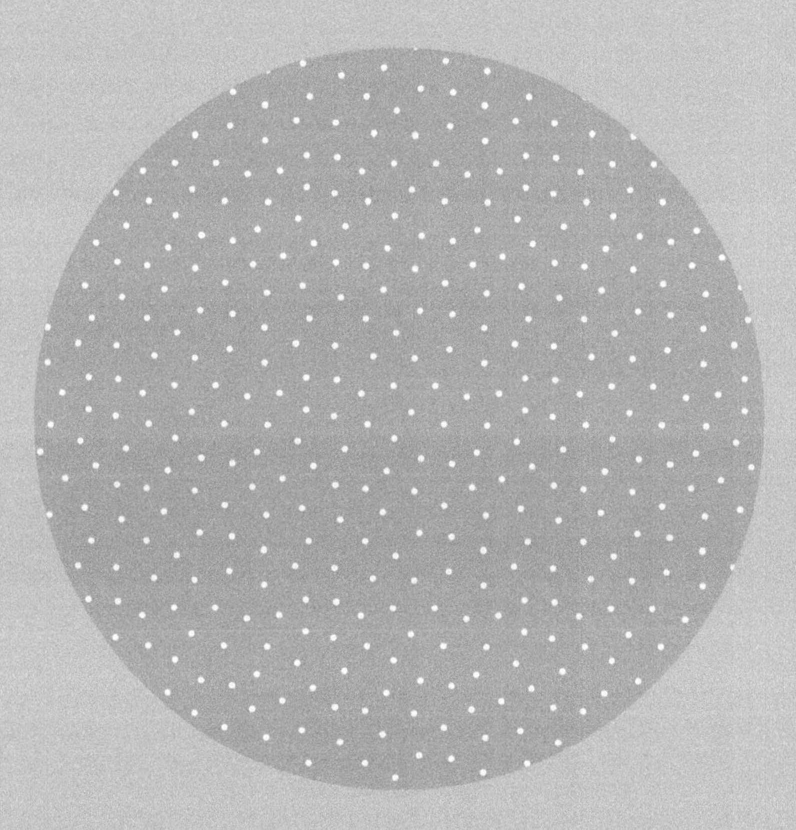

Bitterkraut (Kren)

Das Gesetz des Moses verlangte, zu Pessach ein Lamm in Erinnerung an die Befreiung des Volkes Israel aus der Sklaverei zu essen. Und das Gesetz fügt hinzu:

Ex 12,8 „Mit Bitterkräutern soll man es essen!"

Die Krenwurzel soll an das bittere und tränenreiche Schicksal der Vorfahren erinnern.
Eine ähnliche Bedeutung hat der Kren auch für die christliche Osterjause. Inmitten der angenehm duftenden Leckerbissen aus süßem Brot, Schinken, Eiern, vielleicht einer feinen Ostertorte und anderen Köstlichkeiten symbolisiert er das Leiden von Jesus Christus. Darin kommt das Leiden aller Menschen aller Zeiten, sogar das Leiden aller Geschöpfe zum Ausdruck.
Gott hat Jesus trotz seiner flehentlichen Bitten den Tod nicht erspart. Am Ostermorgen jedoch verwandelte er das Leid in Herrlichkeit. So dürfen die Geschöpfe hoffen: Gott wird auch ihre Passionszeiten in österliche Freude verwandeln.

Bitter und scharf treibt der Kren uns Tränen in die Augen, doch eigentlich ist er heilsam und stärkt unsere Lebenskraft.
Er lässt das Leid schmecken, das sich in Freude wandeln kann. Das Leben siegt, sagt Ostern.
Feiern wir das Leben.
Zünden wir die Kerze an.

Öl

Kosten wir nun von dem Öl. Schmecken wir die Milde und Sanftheit. Ein kleiner Tropfen auf einem Stück Brot oder auf einer Frucht reicht, um die heilende Kraft zu spüren.
Es gibt liturgische Öle mit einer besonderen Bedeutung. Hier, bei unserem Ostertisch denken wir kurz daran, dass „Christus" „Der Gesalbte" bedeutet.

Der Gesalbte ist der Messias, der Christos (von griechisch chrinein = salben). Und weil die Getauften zu Brüdern und Schwestern Christi werden, sind auch sie „mit Chrisam Gesalbte", also Christen.

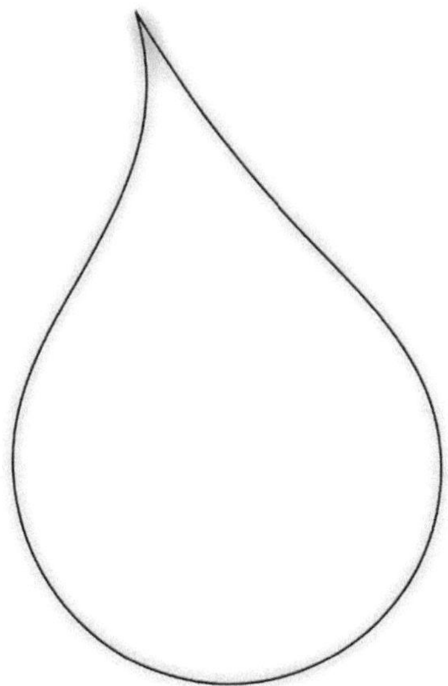

Ei

Mit Ostern verbinden wir vor allem Bräuche und Gerichte mit Eiern. Wir färben sie bunt oder verzieren sie kunstvoll. Rote Eier gelten als besonders glücksbringend. Sie tragen die Farbe der Liebe, aber auch des Bluts. Ursprünglich geschah dies wohl, um geweihte Eier herauszuheben, oder, weil sie in der Fastenzeit nicht verzehrt werden durften und man sie sammeln und voneinander unterscheiden können musste.

Meist werden sie als Omen des Neubeginns und der Liebe gedeutet. Aber sie weisen auch auf die Zerbrechlichkeit des Lebens. Es gehört zum Brauchtum, sie gegeneinander zu schlagen, bis die Schale zerbricht. Je nach Region gewinnt übrigens entweder derjenige das Eierpecken, dessen Schale zerbricht, oder die, deren Ei heil bleibt.

Gründonnerstagseiern werden besondere Kräfte zugesprochen. Das Suchen der Ostereier gleicht der Suche der Jüngerinnen und Jünger Jesu nach ihrem Herrn.

Jesus entstieg lebend der Grabeshöhle, der Felsen war aufgebrochen, wie eine Eierschale nach dem Schlüpfen eines Kückens. Darum wurde das Ei schon von den frühen Christen als Symbol für die Auferstehung geschätzt.

Speisen und Gedecke für das Festmahl

Auf dem Ostertisch dürfen natürlich die Zeichen eines Festmahls nicht fehlen. Gedecke und Tischschmuck, Gläser und Schalen, Blumen und Gestecke machen einen Tisch zur Tafel.

Traditionellerweise gibt es in unseren Breiten den Osterschinken, er löste das Lamm als typische Speise ab. Im Alten Testament ist meist das Lamm das Opfertier. Als Urbild der Unschuld und Wehrlosigkeit.

Symbole

Lamm

Jesus Christus wird auch als Lamm Gottes bezeichnet.
Da wir zu Ostern kaum noch Lamm zubereiten, steht Kuchen oder Schokolade in Lammform auf dem Tisch. Mit Kreuz und Fahne ist es ein Zeichen des Sieges.

Osterwasser

In der Fastenzeit bereiteten sich früher die Katechumenen, Menschen, die Christen werden wollten, auf die Gemeinschaft mit Jesus vor und sie wurden in der Osternacht getauft.
Taufe und damit auch das Wasser, prägen die österliche Liturgie. In der Osternachtfeier weiht der Priester das Osterwasser, indem er die Osterkerze darin eintaucht und als Taufwasser verwendet. Als Segenszeichen können Gläubige es mit nach Hause nehmen.

Kerze

Sie symbolisiert das Licht, das durch Jesus Christus in die Welt gekommen ist. Dieses Licht ist unvergänglich, Jesus entreißt uns der Finsternis. Die Osterfeuer, die weitum in der Osternacht entzündet werden, haben ebenfalls diese Bedeutung.
Wir entzünden die Kerze entweder nach dem Verzehren des Bitterkrauts oder während der Ostergeschichte.

Non potest intellectus meus ad illam [lux]. Nimis fulget, non capit illam, nec suffert oculus animae meae diu intendere in illam. Reverberatur fulgore, vincitur amplitudine, obruitur immensitate, confunditur capacitate.

Mein Verstand kann nicht an dieses Licht herankommen. Zu hell erstrahlt es, er fasst es nicht und das Auge meiner Seele erträgt es nicht, sich lange darauf zu richten. Es wird geblendet durch den Glanz, überwältigt durch die Fülle, überschüttet durch die Unermesslichkeit, verwirrt durch die Fassungskraft.

Anselm von Canterbury, Proslogion, Anrede, Latein und Deutsch. Aus Kapitel XVI

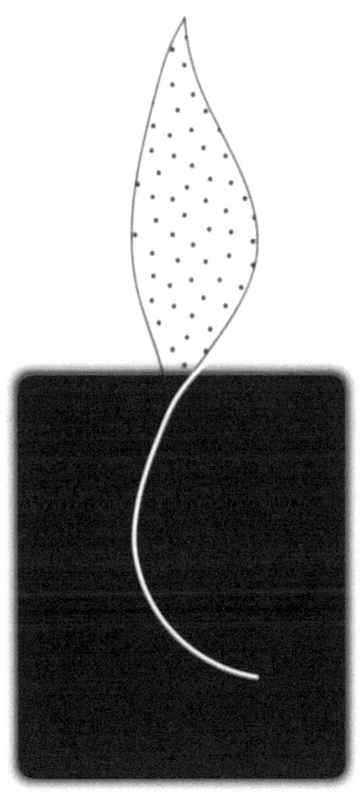

Hase

Der Hase gehört natürlich zu Ostern. Es gibt ihn aus Schokolade oder aus süßem Gebäck, wie das Lamm ebenfalls sehr selten als Braten. Ihm wird nachgesagt, die Eier zu verstecken, die die Kinder suchen. Er ist ein Symbol der Fruchtbarkeit.

Silber

Silber weist auf den Verrat hin, durch den Jesus den Richtern ausgeliefert werden konnte.

Blumen und Gewächse

Mit Palmzweigen wurde der Sohn Gottes beim Einzug in Jerusalem begrüßt. Im Judentum galten sie als Zeichen der Huldigung und des Sieges und Christen können am Palmsonntag, dem Sonntag vor Ostern, die Palmzweige weihen lassen. Palmzweige und Olivenzweige werden in südlichen Regionen verwendet, in nördlichen Ländern dienen Stechpalmen, die Grünzweige des Buchsbaums oder Weidenkätzchen als Ersatz. Die geweihten Zweige gelten als Segenszeichen für Haus und Felder und sollen eine Unheil abwehrende Wirkung haben.

Auch Passionsblume, gelbe Narzisse und Schlüsselblume haben auf dem Ostertisch eine spezielle Bedeutung. Die Schlüsselblume steht für die Schlüssel des Himmels – sie soll ihn zu Ostern aufschliessen. Laut einer Sage erhoffte man sich von dieser Frühlingsbotin auch Liebesglück: Fand ein junges Mädchen in der Karwoche eine blühende Schlüsselblume, dann konnte es davon ausgehen, dass es noch im selben Jahr heiraten würde.
Die Osterglocken wiederum verkörpern die Kirchenglocken, die in diesen Tagen ja in Rom Andacht halten und schweigen mussten. So entwickelte sich der Brauch des Ostergrusses, bei dem man Freunden gelbe Narzissen brachte, um schöne Ostern zu wünschen. Die Blumen sollen dann die lang ersehnten Glocken willkommen heissen.

Reiche mir das Lichtgewand,
der Du Dich umkleidest mit Licht
wie mit einem Gewand,
erbarmungsvoller Christus, unser Gott.

Aus der Tauffeier der orthodoxen Liturgie

Die Ostergeschichte

Der Hohe Rat beschloss, Jesus zu töten. Schon lange war ihnen der Mann, der durch Israel zog, und vom Reich Gottes predigte, ein Dorn im Auge. Er verkündigte Vergebung von den Sünden, gebot Liebe und Barmherzigkeit und galt den Machthabern als Aufrührer.
Damals erstreckte sich das Römische Reich auch nach Galiläa und Judäa, den beiden Gebieten Israels, in denen Jesus hauptsächlich wirkte. Der Statthalter mit Namen Pontius Pilatus vertrat dort die Politik des römischen Kaisers Tiberius. Zwar hatten die Römer einen „Einheimischen" auf einen Thron gesetzt, der konnte jedoch lediglich als Vasall der Römer gelten. Herodes Antipas war sein Name und er war ein Sohn von Herodes dem Großen. Den Titel König durfte Herodes Antipas nicht mehr tragen.
Die Provinz am Mittelmeer mit den Gebieten, in denen Jesus umherzog, nannten die Römer Palaestina. Jesus wuchs dort als gläubiger Jude auf und erstaunte schon als Kind im Tempel von Jerusalem die Schriftgelehrten, denn vor ihnen legte er das Alte Testament aus. Er predigte eine frohe Botschaft, sagte den Menschen Erlösung durch die Gnade Gottes zu. Von sich selbst sprach er häufig als „der Menschensohn". Als dieser sei er gekommen, um die Botschaft zu bringen, um zu lehren und um zu retten. Mehr und mehr wird nicht nur seinen Anhängern und Anhängerinnen klar, wie viel durch ihn von dem erfüllt wurde, was die alten jüdischen Propheten schon Jahrhunderte vor seiner Geburt angekündigt hatten.

Seine Geburt ist so seltsam und so voll von Geheimnis, wie manche seiner Worte, deren wahre Bedeutung selbst seine engsten Freunde zuweilen erst nach seinem Tod erkennen konnten. Oder gar erst nach diesem wunderbaren Ereignis, das auf seinen Tod folgte.
Seine Botschaft von der Liebe, von Versöhnung und Gottesfurcht verbreitete sich in kurzer Zeit über weite Gebiete der Provinz. Ebenso wurde schnell bekannt, dass er Wunder vollbrachte. Im Volk galt er

vielen als Heiler. Er machte Blinde sehend, Lahme gehend, Aussätzige gesund. Sogar Tote erweckte er zum Leben. Er ging über Wasser, um seinen Jüngern in einem Unwetter auf dem See Genesareth beizustehen. Er trieb Dämonen aus und bewahrte eine Ehebrecherin vor der Steinigung. Mit Aussätzigen und Zöllnern saß zu Tisch. Gelehrte wies er auf ihre Sünden hin und warnte vor falschen Lehrern. Bevor er zu seiner letzten Reise aufbrach, hatte er viele Regeln gebrochen und die Mächtigen herausgefordert.

Viele rief er auf, ihm zu folgen und erwählte zwölf zu seinen engsten Gefährten. Zu ihnen gehörten Simon Petrus und Andreas, zwei Fischer aus Kafarnaum. Bartholomäus, der auch Nathanael genannt wurde, stammte aus Kanaa und wurde später in Syrien wegen seines Glaubens an Jesus Christus enthauptet. Jakobus und sein Bruder Johannes, Söhne der Salome, die Jesus „Donnersöhne" nannte, zu denen er auch Petrus zählte. Jakobus der Jüngste, der Zöllner Matthäus, Philippus, Simon, Thaddäus, Thomas und Judas Ischariot, er hatte die Finanzen über. Aber Judas ging verloren. An seine Stelle wurde dann Matthias aufgenommen, der später in Äthiopien als Missionar wirkte.

Am Sonntag vor dem Pessachfest, dem letzten Sonntag im irdischen Leben des Menschensohns, reiste er mit seinen Jüngern nach Jerusalem. Aber er trat nicht zu Fuß in die Stadt, sondern wie ein König ritt er, jedoch voll Demut, auf dem Fohlen
Sach 9,9 eines Esels. Wie es der Prophet vorausgesagt hatte. Geleitet von feierlichen Rufen seiner Anhänger und Anhängerinnen zog er durch das Tor: „Hosanna! Gelobt sei, der da kommt im Namen des Herrn". Auf der Strecke schnitten seine Gefährten Zweige von den Bäumen, um sie vor ihm auszustreuen. Viele Menschen liefen zusammen und breiteten ihre Kleider auf dem Weg aus. Dabei priesen sie ihn als
Mt 21, 1-9 den Sohn Davids. Diesen Einzug in Jerusalem empfanden die römischen Machthaber als große Provokation.

Jesus ging auch in offenen Widerstand zu den Schriftgelehrten seines Volkes und kritisierte ihr Handeln öffentlich. Er nannte sie Heuchler, weil sie mehr an sich dachten, als an die Gläubigen. Er nannte sie blinde Führer und Narren. Und er berief sich dabei auf seinen Vater, den die Juden JHWH (Jehova) nennen. Er berief sich auf Gott.

Die Römer kümmerten die religiösen Auseinander-
setzungen unter den Juden zwar nicht sehr, aber seine Anhängerschaft und der merkwürdige Einzug in
Jerusalem ließen sie aufhorchen. Als er eintraf, geriet
die ganze Stadt in Aufregung. Und man fragte, wer
Mt 21, 10-11 das sei. Das sei der Prophet Jesus von Nazaret in Galiläa, lautete die Antwort.

Am nächsten Tag ging er in den Tempel und sorgte für einen Eklat. Er sah dort die Stände der Geldwechsler und Taubenhändler und warf ihnen vor, aus diesem heiligen Ort eine Räuberhöhle zu machen. Er trieb alle Händler und Käufer hinaus und stieß die Tische um. So kam der lizenzierte Handel mit Opfergaben, wie Öl oder Tauben, und die Zahlung der Tempelsteuer kurzzeitig zum Erliegen. Heidnische Münzen konnten nicht mehr gegen solche mit nichtheidnischen Prägungen eingetauscht werden.

In die Tumulte im Tempel mischten sich weder die
römischen Soldaten noch die Tempelgarde ein. Un-
geachtet des Aufruhrs, den er verursachte, wandten
Lahme und Blinde sich an ihn und er heilte sie.
Kinder sangen unverdrossen das „Hosanna dem
Sohn Davids“ weiter. Als die Priester ihn deswe-
gen zur Rede stellten, zitierte er einen Psalm: „Aus
dem Mund der Kinder und Säuglinge schaffst du
dir Lob.“ Er ließ sie stehen und ging hinaus nach
Mt 21, 12-17 Betanien, etwa drei Kilometer entfernt im Südosten
gelegen. Dort übernachtete er.

Am folgenden Tag ging er wieder in den Tempel, um zu lehren und die Fragen seiner Anhänger zu beantworten. Die Hohepriester traten hinzu und diskutierten mit ihm. Jesus antwortete ihnen in Gleichnissen, wie dem vom kommenden Himmelreich, das er mit einer Einladung zu einem Hochzeitsfest verglich. „Mit dem Himmelreich ist es wie mit dem König, der die Hochzeit seines Sohnes vorbereitete. Er schickte seine Diener, um die eingeladenen Gäste zur Hochzeit rufen zu lassen. Sie aber wollten nicht kommen."

Als er sie noch einmal sandte, um die Gäste an die Einladung zu erinnern, misshandelten und töteten sie die Boten. Daraufhin entsandte der König sein Heer, ließ die Mörder töten und ihre Stadt in Schutt und Asche legen. Nun sollten die Diener hinausgehen und alle Leute einladen, die sie trafen. Und der König bemerkte einen Mann, der kein Hochzeitsgewand trug, aber keinen Grund dafür nannte. So ließ er ihn hinauswerfen. „Denn viele sind gerufen, aber nur wenige auserwählt."

Mt 22, 1-14

Dann sprach er über die Auferstehung der Toten, über die kaiserliche Steuer, über den Messias und darüber, welches das wichtigste Gebot sei. Es sei das erste Gebot: „Du sollst den Herrn, deinen Gott, lieben mit ganzem Herzen, mit ganzer Seele und mit all deinen Gedanken." Ebenso wichtig sei aber auch das zweite Gebot: „Du sollst deinen Nächsten lieben wie dich selbst."

Mt 22, 15-40

Mt 22, 37

Mt 22, 39

Nachdem er scharfe Worte gegen die Schriftgelehrten und Pharisäer gerichtet hatte, sprach er schließlich über die Endzeit, kündigte die Zeichen der Not an, prophezeite die Zerstörung des Tempels und beschrieb das Weltgericht. Dies alles empfanden die Gelehrten als ungeheuerliche Anmaßung.

Mt 24

Mt 23, 1-39

Jesus wusste, er würde hingerichtet werden. Er kündigte seinen Jüngern seine Kreuzigung an. In zwei
Tagen, zum Pessachfest werde es geschehen. Er sagte
es, als die Ältesten und die Hohepriester im pries-
terlichen Palast zusammentrafen und beschlossen,
ihn zu töten. Sie wollten ihn mit List in ihre Gewalt
bringen, doch zögerten sie und befürchteten wegen
Mt 26, 1-5 der Feiertage einen Aufruhr im Volk.

Als die Jünger am Abend mit dem Herrn wieder in Bethanien waren, einem Ort im Südosten der Stadt, wo Jesus früher Lazarus von den Toten auferweckt hatte, saßen sie im Haus Simons des Aussätzigen. Eine Frau brachte ein Alabastergefäß mit kostbarem, duftendem Öl und goss es über sein Haupt. Die Jünger waren darüber entsetzt, man hätte das Öl teuer verkaufen den den Erlös den Armen geben sollen, meinten sie.

Doch Jesus war dankbar für die Wohltat, die die
Mt 26, Frau ihm getan hatte. „Die Armen habt ihr immer
6-13 bei euch, mich aber habt ihr nicht immer. Als sie
das Öl über mich goss, hat sie meinen Leib für das
Mt 26, 11-12 Begräbnis gesalbt."

Danach ging Judas Iskariot zu den Hohepriestern
und fragte sie, wie viel sie ihm bezahlten, wenn er
ihnen Jesus auslieferte. Sie boten ihm dreißig Silber-
Mt 26, 14-16 stücke. Judas schlug ein und suchte nun nach einer
Gelegenheit, ihn preiszugeben.

Gemeinsam mit seinen Jüngern feierte Jesus am
Donnerstag ein Paschamahl. Er schickte Johannes
und Petrus voraus in die Stadt. Sie sollen, so Jesus,
dem Mann mit dem Wasserkrug folgen, so würden
sie einen festlich geschmückten großen Saal mit
Lk 22, 7-13 Polstern ausgestattet im Obergeschoss einer Herber-
ge finden. Und so war es auch.

Die Apostel bereiteten das Mahl vor, zu dem man ungesäuerte Brote und das Paschalamm aß. Abends kamen er und die Zwölf und sie setzten sich um den Tisch. Das Gespräch nahm eine Wendung, die die Jünger bestürzte, als Jesus ankündigte, einer sei unter ihnen, der ihn verraten und ausliefern werde.

Judas fragte ihn, ob er es sei, und Jesus antwortete:
„Du sagst es." Mt 26, 25

Bei diesem Mahl brach Jesus auch das Brot und
reichte seinen Jüngern den Kelch. Dann beauftrag-
te er sie, das zu seinem Gedächtnis zu tun, wenn Lk 22, 14-23
auch er selbst nicht mehr bei ihnen sein werde. In
der Gestalt von Wein und Brot werde er dennoch Mt 26, 20-29
anwesend sein. Diesen Worten und Gesten folgend
feiern wir Christen bis heute das Abendmahl und
vor allem in der heiligen Messe die Eucharistie.

Erneut rief Jesus durch eine Voraussage Entsetzen bei der Tischgesellschaft hervor: Petrus werde den Glauben verlieren. Wenn er sich wieder bekehrt hätte, solle er die Brüder stärken. Sie alle, so kündigte er seinen Freunden an, werden heute Nacht an ihm Anstoß nehmen - und zu Fall kommen. Petrus hielt dies für unmöglich, er sei doch bereit mit dem Herrn ins Gefängnis und sogar in den Tod zu gehen.
Die dunkle Prophezeiung war noch nicht zu Ende.
Jesus erwiderte: „Ich sage dir, Petrus, ehe heute der Lk 22, 34
Hahn kräht, wirst du dreimal leugnen, mich zu ken-
nen." Noch eine rätselhafte Bemerkung machte Je- Mt 26, 20-29
sus an diesem Abend zu den Aposteln. Nach seiner
Auferstehung werde er ihnen nach Galiläa vorausge- Lk 1-34
hen, sagte er.

Sie beendeten das Mahl mit einem Lobgesang, dann
machten sie sich, wie Jesus es immer wieder getan
hatte, auf zum Ölberg vor der Stadt und kamen zu Lk 26, 30

einem Grundstück, das Getsemani heißt.
Dort wollte er beten. Er bat die Jünger, mit ihm zu wachen. Etwas entfernt von ihnen betete er, sein Vater möge diesen Kelch an ihm vorübergehen lassen.

„Aber nicht was ich will, sondern was du willst soll
Mk 14, 36 geschehen.“ Als er zurückkam, schliefen die Jünger.
Er wunderte sich, wie sie nicht einmal eine Stunde
Mk 14, mit ihm wachen konnten, und ermahnte sie, wach
32-42 zu bleiben und zu beten, damit sie nicht in Versu-
chung gerieten. Dann ging er wieder fort, um noch
Lk 22, 44 einmal zu beten und fand sie danach erneut schla-
fend vor. Auch nach dem dritten Mal waren sie wieder eingeschlafen.

Der Evangelist Lukas, von Beruf Arzt, berichtet, Jesus sei während der Gebete ein Engel erschienen, der ihm neue Kraft gab. „Und er betete in seiner Angst noch inständiger, und sein Schweiß war wie Blut, das auf die Erde tropfte.“ Der Kummer sei es gewesen, sagt Lukas, der die Jünger so erschöpft hatte, dass sie eingeschlafen waren.

Noch während Jesus mit den Gefährten sprach, stürmten bewaffnete Männer in den Garten. Sie waren von den Hohen Priestern und den Ältesten des Volkes ausgesandt worden, um ihn zu verhaften. Unter ihnen war Judas Iskariot. Er sagte zu den Häschern, jener, den er küssen wird, sei es, den sie suchten. Judas trat auf Jesus zu und küsste ihn. Daraufhin nahmen die Soldaten Jesus fest. Seine Anhänger wollten sich dagegen wehren, aber Jesus hielt sie ab.

Als einer der Jünger einem Verfolger ein Ohr ab-
schlug, wies er ihn mit scharfen Worten zurecht,
berührte das Ohr und heilte es. „Glaubst du nicht“,
Mt 26, 53 sagte er, „mein Vater würde mir sogleich mehr als
zwölf Legionen Engel schicken, wenn ich ihn darum
Mt 26, bitte?“ Die Schriften der Propheten müssten jedoch
in Erfüllung gehen. Es ist der Moment, an dem ihn
47-56 alle Jünger verließen und flohen.

Die Soldaten führten Jesus zum Verhör in den Palast zum Hohepriester Kajaphas und vor den Hohen Rat. Petrus folgte ihm von Weitem und setzte sich im Hof des Palasts zu den Dienern. Das Vernehmung war geprägt vom Bemühen, den Angeklagten zum Tod verurteilen zu können. Darum ließ der Rat falsche Zeugen gegen ihn aussagen. Einer klagte ihn an, behauptet zu haben, den Tempel niederreißen und in drei Tagen wieder aufrichten zu können.

Jesus schwieg zu den Anschuldigungen. Der Hohepriester beschwor ihn, zu sagen, ob er der Messias, der Sohn Gottes, sei. Jesus antwortete: „Du hast es gesagt. Doch ich erkläre euch: Von nun an werdet ihr den Menschensohn zur Rechten der Macht sitzen und auf den Wolken des Himmels kommen sehen."
Daraufhin zerriss der Hohepriester sein Gewand *Mt 26,*
und rief: „Er hat Gott gelästert! Wozu brauchen *57-68*
wir noch Zeugen? Jetzt habt ihr die Gotteslästerung selbst gehört."
Die Ältesten sprachen Jesus schuldig, spuckten ihm Mt 26, 64
ins Gesicht und schlugen ihn. Unter ihren Schlägen Mt 26, 65
hörte er sie rufen: „Messias, du bist doch ein Pro- Mt 26, 67
phet! Sag uns: Wer hat dich geschlagen?"

In dieser Nacht von Gründonnerstag auf Karfreitag, in der Petrus im Hof auf das Ergebnis der Verhandlung wartete, trat eine Magd auf den Apostel zu. Sie erkannte ihn als einen, der mit diesem Jesus aus Galiläa zusammen war. Das hörten viele Leute. Und Petrus sagte, er wisse nicht, wovon sie rede. Als er durch das Tor hinausgehen wollte, sagte eine andere Magd zu den Leuten, die dort standen, er wäre mit Jesus von Nazaret zusammen. Wieder leugnete Petrus und schwor sogar: „Ich kenne den Menschen nicht." Doch dann kamen noch mehr Leute auf ihn zu und sagten: „Wirklich, auch du gehörst zu ihnen, deine Mundart verrät dich." Petrus fing an, sich zu verfluchen und schwor erneut: „Ich kenne den Menschen nicht."

Mt 26, 69-75

Gleich darauf krähte der Hahn. Da wurde er sich seines Verrats bewusst und erinnerte sich an das, was Jesus vor wenigen Stunden zu ihm gesagt hatte. Er ging hinaus und weinte bitterlich.

Kreuzweg

Am Karfreitag gedenken wir des Todes des Herrn am Kreuz. Es ist ein stiller Tag, an dem strenge Abstinenz, Ruhe und Enthaltsamkeit gilt. In katholischen Kirchen findet keine Messe statt, nur ein Wortgottesdienst um 15 Uhr, der Todesstunde. Wer an dieser Karfreitagsliturgie teilnimmt, dem wird vollkommener Ablass gewährt. Für evangelische Christen ist dies der höchste Feiertag. Der Empfang des Abendmahls am Karfreitag ist für Protestanten von besonderer Bedeutung.

Mit der Verurteilung zum Tod auf dem Kreuz begannen die Leiden des Herrn an diesem Tag. Manche Christen gehen darum einen „Kreuzweg". Weltweit halten sie sogenannte Kreuzwegandachten und ziehen an den einzelnen Stationen vorbei. Sie meditieren dabei über das Wesen und die Bedeutung der einzelnen Haltepunkte und gedenken auch der Leidenden, der zu Unrecht Verurteilten, Gefolterten, Verspotteten und Getöteten der Gegenwart.

Kreuzwege haben meist 14 Haltepunkte, es gibt aber verschiedene Formen, manche haben nur zwei, andere bis zu 27 Fußfallstationen, die so genannt werden, weil die Betenden davor niederknien. Nicht alle Stationen erwähnt die Bibel, diese sind im Folgenden mit einem * gekennzeichnet. Nach Auffassung der katholischen und anglikanischen Kirchen eignet sich der Kreuzweg auch für die persönliche Meditation oder Andachten in der Familie.

1. Station

Jesus wird zum Tod verurteilt

Pontius Pilatus, römischer Statthalter von Judäa, spricht das Todesurteil aus. Aus Anlass des Passahfestes kann er einen der zum Tod Verurteilten begnadigen.

Barabbas, ein verurteilter Rebell oder Jesus - das Volk darf entscheiden.

Mt 27, 20-26

Die Menge ruft „Barabbas". Pilatus wäscht sich daraufhin vor aller Augen die Hände: „Ich bin unschuldig am Blut dieses Menschen. Das ist eure Sache!" Er lässt Barabbas frei und befiehlt, Jesus zu geißeln und zu kreuzigen.

2. STATION

JESUS NIMMT DAS KREUZ

Römische Soldaten übernehmen Jesus und geben ihm ein Kreuz, das er auf seine Schultern nimmt.

Bevor sie ihn auf den Weg zur Hinrichtungsstätte schicken, verhöhnen sie ihn, entkleiden ihn und ziehen ihm einen Mantel aus Purpur an. Sie schlagen ihn mit einem Stock, bespucken ihn und setzen ihm eine Dornenkrone auf. Dann fallen sie vor ihm auf die Knie und rufen: „Heil Dir, König der Juden!“

Mt 27, 7-31a

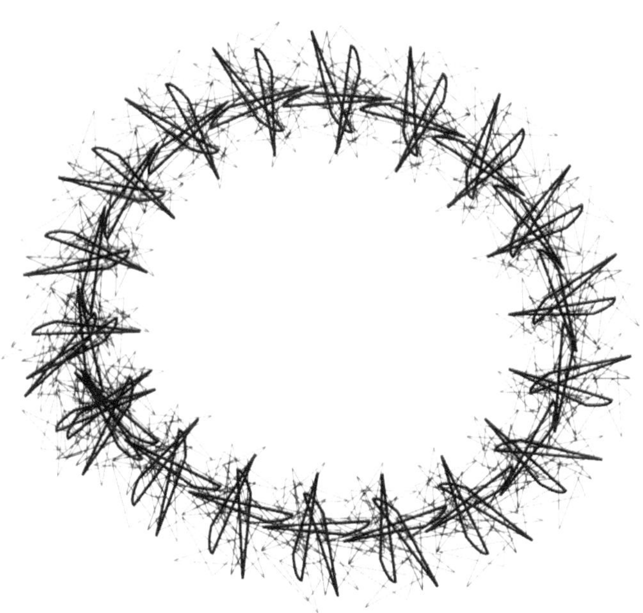

*3. Station**

Jesus fällt zum ersten Mal unter dem Kreuz

Jes 53, 4-6

*4. Station**

Jesus begegnet seiner Mutter

Lk 2, 34-35, 51

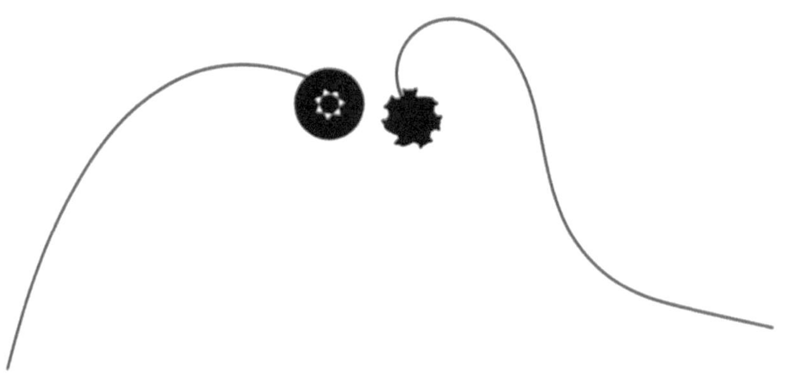

5. Station

Simon von Zyrene hilft Jesus das Kreuz zu tragen

Römische Soldaten zwingen Simon, einen Mann aus Zyrene, für Jesus das Kreuz zu tragen. Mt 27,32

*6. Station**

Veronika reicht Jesus das Schweisstuch

*7. Station**

Jesus fällt zum zweiten Mal unter dem Kreuz.

8. Station

Jesus begegnet den weinenden Frauen

Jesus trifft auf Frauen, die um ihn weinen. Er sagt: „Weint nicht über mich. Weint über Euch und Eure Kinder! Denn es kommen Tage, da wird man sagen: Wohl den Frauen, die unfruchtbar sind, die nicht geboren und nicht gestillt haben. Dann wird man zu den Bergen sagen: Fallt auf uns!, und zu den Hügeln: Deckt uns zu! Denn wenn das mit dem grünen Holz geschieht, was wird dann erst mit dem dürren werden?“ Lk 23, 28-31

*9. Station**

Jesus fällt zum dritten Mal unter dem Kreuz

10. Station

Jesus wird seiner Kleider beraubt

Der Tross ist auf Golgota, der „Schädelhöhe“, angekommen. Die römischen Wachen bieten Jesus mit Galle versetzten Wein an. Anschließend berauben sie ihn seiner Kleider, werfen das Los und verteilen sie unter sich. Dann setzen sie sich nieder und bewachen ihn.

Mt 27, 34-36

11. Station

Jesus wird ans Kreuz geschlagen

Sie nageln Jesus ans Kreuz. Über seinem Kopf schlagen sie eine Tafel an den Pfosten. Diese Tafeln gaben immer die Schuld des Verurteilten an. Nur die Buchstaben „INRI“ stehen darauf. Das bedeutet: „Iesus Nazarenus Rex Iudaeorum – Jesus von Nazaret, König der Juden“.

Jesus wird zusammen mit zwei Räubern gekreuzigt – einer rechts und einer links von ihm. Schaulustige verspotten ihn. „Wenn du Gottes Sohn bist, hilf dir selbst und steig herab vom Kreuz!“ Die Hohepriester und Gelehrten, die mit nach Golgota gekommen sind, höhnen: „Anderen hat er geholfen, sich selbst kann er nicht helfen. Er ist doch der König von Israel! Er soll vom Kreuz herabsteigen, dann werden wir an ihn glauben.“

Mk 15, 22-27

Lk 23, 33

Joh 19, 18-19

12. Station

Jesus stirbt am Kreuz

„Mein Gott, mein Gott, warum hast du mich verlassen?“ ruft Jesus. Da bricht eine Finsternis über das Land herein, die Sonne verdunkelt sich.

Der Vorhang im Tempel reißt in der Mitte entzwei.

Ein Soldat reicht dem Gekreuzigten einen Schwamm mit Essig.

„Vater, in deine Hände lege ich meinen Geist“ sind Jesu letzte Worte am Kreuz. Als daraufhin die Erde bebt, erschrecken die römischen Wachen und sagen: „Wahrhaftig, das war Gottes Sohn.“

Mt 27, 45-50, 54

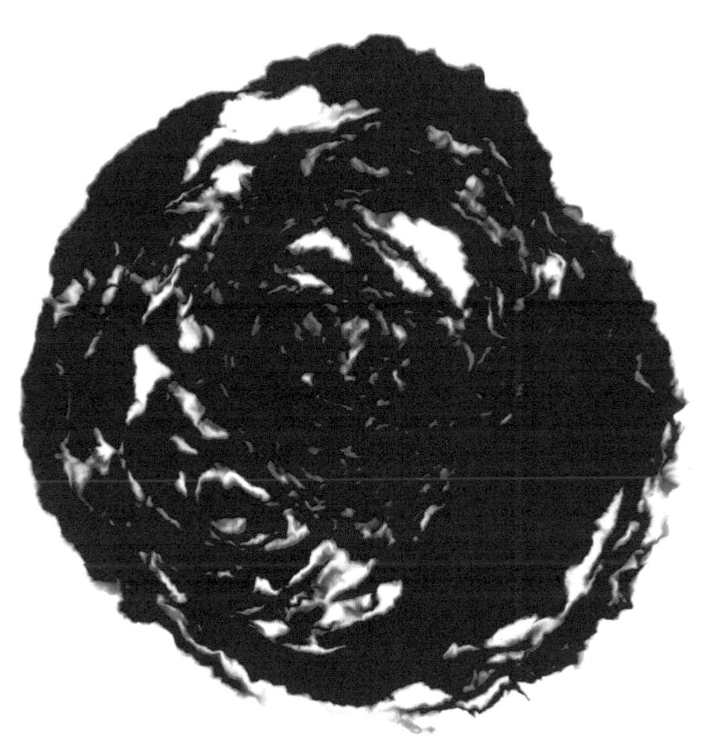

13. Station

Jesus wird vom Kreuz abgenommen und in den Schoss seiner Mutter gelegt

Josef aus Arimathäa, ein Jünger Jesu, bittet Pontius Pilatus, ihm den Leichnam zu überlassen. Josef nimmt den Leichnam vom Kreuz und hüllt ihn in
Mt 27, 57-59 ein Leinentuch.

14. Station

Der Leichnam Jesu wird ins Grab gelegt

„Dann legte er (Josef von Arimathäa) ihn in ein neues Grab, das er für sich selbst in einen Felsen hatte hauen lassen. Er wälzte einen großen Stein vor den Eingang des Grabes und ging weg. Auch Maria aus Magdala und die andere Maria waren dort; sie saßen dem Grab gegenüber.“

Mt 27, 60-61

Lobet und preiset, ihr Völker

Kanon für 3 Stimmen Anonymus, eg 337 (Ö)
Anmerkung: Halbton tiefer E, H7, E

Ostersonntag

Auf Geheiß der Hohepriester ließ Pontius Pilatus das Grab Jesu bewachen. Die Gelehrten erinnerten sich an die Ankündigung, er werde nach drei Tagen auferstehen und fürchteten, die Jünger könnten kommen und den Leichnam stehlen und dem Volk sagen, er sei auferstanden. „Und dieser letzte Betrug wäre noch schlimmer, als alles zuvor." Das Grab wurde versiegelt und von Wächtern bewacht.

In der Morgendämmerung des ersten Tages der Woche, des Tages nach dem Sabbat kamen Maria aus Magdala und die andere Maria ans Grab. Ein Engel erschien, wälzte den Stein zur Seite und setzte sich darauf. Die Erde bebte und die Gestalt des Engels leuchtete wie ein Blitz. Sein Gewand war schneeweiß. Die Wächter zitterten vor Angst und fielen wie tot zu Boden. „Der Engel aber sagte zu den Frauen: Fürchtet euch nicht! Ich weiß, ihr sucht Jesus, den Gekreuzigten. Er ist nicht hier; denn er ist auferstanden, wie er gesagt hat." Auf das Geheiß des Engels gingen die Frauen zu den Jüngern, um ihnen die Botschaft zu verkünden.

Jesus erschien den Frauen, grüßte sie und sagte: „Fürchtet euch nicht." Sie sollten den Brüdern sagen, nach Galiläa zu gehen, dort würden sie ihn sehen.

„Die elf Jünger gingen nach Galiläa auf den Berg, den Jesus ihnen genannt hatte. Und als sie Jesus sahen, fielen sie vor ihm nieder. Einige aber hatten Zweifel. Da trat Jesus auf sie zu und sagte zu ihnen: Mir ist alle Macht gegeben im Himmel und auf der Erde. Darum geht zu allen Völkern und macht alle Menschen zu meinen Jüngern; tauft sie auf den Namen des Vaters und des Sohnes und des Heiligen Geistes, und lehrt sie, alles zu befolgen, was ich euch geboten habe. Seid gewiss: Ich bin bei euch alle Tage bis zum Ende der Welt."

Matthäus, Kapitel 27, Vers 11 bis 61

Lobpreis

An jenem Tag ließ David Asaf und seine Amtsbrüder zum ersten Mal diesen Lobpreis zur Ehre des Herrn vortragen:

Dankt dem Herrn! Ruft seinen Namen an!
Macht unter den Völkern seine Taten bekannt!

Singt ihm und spielt ihm,
sinnt nach über all seine Wunder!
Rühmt euch seines heiligen Namens!
Alle, die den Herrn suchen,
sollen sich von Herzen freuen.
Fragt nach dem Herrn und seiner Macht,
sucht sein Antlitz allezeit!
Denkt an die Wunder, die er getan hat,
an seine Zeichen
und die Beschlüsse aus seinem Mund!
Bedenkt es, ihr Nachkommen seines Knechts
Abraham,
ihr Kinder Jakobs, die er erwählt hat!
Er, der Herr, ist unser Gott.
Seine Herrschaft umgreift die Erde.

1 Chr16, 7-14

Singt dem Herrn, alle Länder der Erde!
Verkündet sein Heil von Tag zu Tag!
Erzählt bei den Völkern von seiner Herrlichkeit,
bei allen Nationen von seinen Wundern!

Denn groß ist der Herr und hoch zu preisen,
mehr zu fürchten als alle Götter.
Alle Götter der Heiden sind nichtig,
der Herr aber hat den Himmel geschaffen.
Hoheit und Pracht sind vor seinem Angesicht,
Macht und Glanz in seinem Heiligtum.

1 Chr 16, 23-27

Bringt dar dem Herrn, ihr Stämme der Völker,
bringt dar dem Herrn Lob und Ehre!

Bringt dar dem Herrn die Ehre seines Namens,
spendet Opfergaben und tretet vor ihn hin!
In heiligem Schmuck werft euch nieder vor dem Herrn, erbebt vor ihm, alle Länder der Erde!
Den Erdkreis hat er gegründet,
sodass er nicht wankt.
Der Himmel freue sich, die Erde frohlocke.
Verkündet bei den Völkern: Der Herr ist König.

1 Chr 16, 28-31

Es brause das Meer und alles, was es erfüllt,
es jauchze die Flur und was auf ihr wächst.
Jubeln sollen alle Bäume des Waldes vor dem Herrn,
wenn er kommt, um die Erde zu richten.

Danket dem Herrn, denn er ist gütig,
denn seine Huld währt ewig.
Sagt: Hilf uns, du Gott unsres Heils,
führe uns zusammen, rette uns vor den Völkern!
Wir wollen deinen heiligen Namen preisen,
uns rühmen, weil wir dich loben dürfen.

Gepriesen sei der Herr, der Gott Israels,
vom Anfang bis ans Ende der Zeiten.

Und das ganze Volk rief: Amen, und: Lob sei dem
Herrn.

1 Chr 16, 32-36

Liceat mihi suspicere lucem tuam, vel de longe, vel de profundo.

Doce me quaerere te, et ostende te quaerenti; quia nec quaerere te possum nisi tu doceas, nec invenire nisi te ostendas.

Quaeram te desiderando, desiderem quaerendo.

Inveniam amando, amem inveniendo.

Lass mich Dein Licht schauen, und sei es nur von ferne, und sei es nur aus der Tiefe.

Lehre mich, Dich zu suchen, und zeige Dich dem Suchenden, da ich Dich weder suchen kann, wenn Du es nicht lehrst, noch finden, wenn Du Dich nicht zeigst.

Lass mich Dich voller Verlangen suchen und suchend nach Dir verlangen.

Lass mich Dich voller Liebe finden und Dich lieben, indem ich Dich finde.

Anselm von Canterbury, Proslogion, Anrede, Aus Kapitel I

Anmerkungen

Seite 12
Joseph Ratzinger Benedikt XVI., theologisches ABC, Freiburg im Breisgau 2012, S. 172

Seite 14, 15, 30, 60, 61
Anselm von Canterbury, Proslogion, Anrede, lateinisch und deutsch. Verfasst 1077/78. Lateinisch/Deutsch in der Übersetzung von Robert Theis (c) 2005
S. 14 f: Kapitel XVII, S. 30: Kapitel XVI, S. 60: Kapitel I

Abkürzungen

Jes – Das Buch Jesaja
Joh - Das Evangelium nach Johannes
Mt - Das Evangelium nach Matthäus
Lk - Das Evangelium nach Lukas
Jes - Das Buch Jesaja
Lev - Das Buch Levitikus
Ex - Das Buch Exodus
Sach - Das Buch Sacharja
1 Chr - Das erste Buch der Chronik

Die Bibel, Altes und Neues Testament, Einheitsübersetzung, Freiburg 1980

Mp - Matthäuspassion Johann Sebastian Bach, BWV 244, Schreibweise leicht an heutiges Deutsch angeglichen.

Am Textrand in hellgrauer Schrift hervorgehobene Bibelzitate sind nach dem Vorkommen im Text geordnet. Kleinere Schrift zeigt die Quellen der direkten Zitate an, größere Schrift die Bibelstellen mit dem Inhalt.

Dank

Verlag Reclam für die Erlaubnis zu Auszügen aus Anselm von Canterbury, Proslogion, Anrede, Lateinisch/Deutsch in der Übersetzung von Robert Theis (c) 2005

Über die Autorin

Dr. Ulrike Rainer ist eine ökumenische Christin lutherisch-katholischer Herkunft mit einer Affinität für christliche Feste und Traditionen in modernem Gewand. Sie hat Theaterwissenschaft und Kunstgeschichte studiert. Das Aufbewahren und Gestalten von Familien-, Orts- oder Firmengeschichten, Biografien und Chroniken aller Art gehört ebenso zu ihrem Arbeitsbereich, wie das Schreiben von Büchern zu kulinarischen Entdeckungsreisen.

LITERELLE heißt die von ihr gegründete Wiener Buchwerkstatt, eine Ein-Stopp-Plattform für Buchproduktionen, in der sie Druckprojekte nach Bedarf konzipiert, organsiert, aufzeichnet, schreibt und gestaltet. Sie können mehr über ihre Arbeiten auf www.literelle.com erfahren.

Persönliche Notizen

Festtag:

Festort:

Anwesende:

www.ingramcontent.com/pod-product-compliance
Ingram Content Group UK Ltd.
Pitfield, Milton Keynes, MK11 3LW, UK
UKHW041916190726
13854UKWH00003B/1273

9 781291 795530